Einladung zum Selberlesen

Liebe Eltern,

Sie haben Ihrem Kind Bücher vorgelesen? Sehr gut. Sie werden dies auch weiterhin tun? Um so besser. Aber wenn Ihr Kind einmal hinter das Geheimnis der Buchstaben gekommen ist, will es auch selber lesen. Es möchte erleben, wie beim Lesen eine spannende, lustige oder traurige Geschichte in ihm entsteht. Das ist gar nicht so einfach. Es dauert lange, bis ein Kind gut und gern liest.

Was es am Anfang braucht?
Ein ganzes Buch, das zum Lesen verlockt.
Ein Buch, das es beim Lesen nicht überfordert.
Ein Buch
* mit kurzen Geschichten
* mit einer genügend großen Schrift
* mit kurzen, überschaubaren Zeilen
* in einer verständlichen Sprache
* mit Bildern, die helfen den Sinn zu erfassen.

Bücher, die diesen Anforderungen gerecht werden, fördern das Abenteuer Lesen und machen Lust aufs nächste Buch.

Prof. Dr. Manfred Wespel,
lesedidaktischer Berater des
KÄNGURU-Programms

Anne Steinwart

Kleine Mutmachgeschichten

Mit Bildern von Dagmar Henze

arsEdition

Die Deutsche Bibliothek – CIP-Einheitsaufnahme

Kleine Mutmachgeschichten / Anne Steinwart.
Mit Bildern von Dagmar Henze. - München : Ars-Ed., 1999
  (Känguru : Erste Geschichten zum Selberlesen)
  ISBN 3-7607-3783-8

Lesedidaktische Beratung: Prof. Dr. Manfred Wespel

Gedruckt auf umweltfreundlichem Papier ohne Chlorbleiche

© 1999 by arsEdition, München
Alle Rechte vorbehalten
Ausstattung und Herstellung: arsEdition, München
Titelbild und Innenillustrationen: Dagmar Henze
Titelvignette: Carola Holland
Einbandkonzeption: Ralph Bittner
Druck und Bindung: Westermann Druck Zwickau GmbH
Printed in Germany
ISBN 3-7607-3783-8

Inhalt

Ein Tiger will lesen   8

Uta und das schwarze Biest   16

Nina traut sich   24

Teddy Bangenase   31

Pustekuchen!   38

Ein Tiger will lesen

Toni sieht aus wie Toni.
Aber nur von außen.
Innen fletscht er die Zähne.
Innen ist Toni ein Tiger.
Wegen Niklas!
Der sitzt im Wohnzimmer
auf dem Sofa und liest.

Niklas ist Tonis großer Bruder.
Er liest ein Buch,
das Toni gehört!
Er hat nicht gefragt,
ob er das darf.

So macht er das immer.
Er nimmt sich einfach,
was er von Tonis Sachen
gebrauchen kann.
Nie fragt er Toni.

Toni schleicht sich heran
und springt mit einem Satz –
rums, krach! –
auf das Sofa.

Niklas schaut
nicht einmal auf.
„Was willst du?",
fragt er unfreundlich.

„Nichts",
antwortet Toni
und streckt sich lang aus.
Ein Tiger braucht Platz!

Niklas rückt ein Stück weg
und zischt:
„Hau ab!"

Toni wetzt seine Krallen.
„Wieso soll ich abhauen?",
fragt er.
„Ist das dein Sofa?"

Niklas stöhnt.
„Frag nicht so blöd.
Du störst!"
Dabei bewegt er seine Hand,
als wolle er eine Fliege
verscheuchen.
Er hat keine Ahnung,
dass ein Tiger neben ihm sitzt.

Tonis Augen funkeln gefährlich.
Aber er fragt ganz ruhig:
„Ich störe dich?
Wobei denn?"

Niklas explodiert.
„Das siehst du doch.
Ich lese.
Hau endlich ab!"

Toni schleckt
mit seiner Riesenzunge
über sein Maul.
Und mit seinen Tatzen
reißt er Niklas
das Buch aus der Hand.

„Das ist mein Buch.
Ich lese jetzt.
Und du haust ab.
Du störst!"

Niklas guckt ihn verdattert an.
„Giftzwerg",
sagt er und geht.

Uta und das schwarze Biest

Uta öffnet ein Auge.
Mit dem zweiten wartet sie
noch ein bisschen.
Morgens ist Uta
nicht die Schnellste.

Nebenan im Badezimmer
rauscht schon die Dusche.
Und der Föhn ist zu hören.

Jetzt weiß Uta:
Ich muss aufstehen!

Sie stöhnt ein paar Mal
und richtet sich dann auf.
Missmutig schaut sie zum Fenster.
Oh Schreck!
Utas Augen werden tellergroß.

Vor dem Fenster
hängt ein schwarzes Biest!

Uta reißt die Bettdecke
bis zum Kinn.
Ihr Herz klopft wie wild.

Das schwarze Biest
bewegt sich langsam abwärts.
Direkt über der Fensterbank
hält es an.

„Hilfe! Hilfe!",
schreit Uta.

Alle poltern in ihr Zimmer.
Mama und Papa
und Utas Bruder Malte.

Uta zeigt zum Fenster.

Mama schmunzelt und flüchtet.
Damit will sie
nichts zu tun haben.

„Das haben wir gleich",
sagt Malte
und zieht einen Schlappen aus.

Mit dem Schlappen in der Hand
pirscht er sich an.
Schon holt er aus.

„Nein!",
kreischt Uta.
Sterben soll das Biest nicht.

Malte bleibt stehen.
„Was denn dann?",
fragt er genervt.

„Retten natürlich",
sagt Uta.
Aber Spinnen anfassen
kann Malte nicht.
Das weiß Uta genau.
Sie guckt Papa an.

Der öffnet zuerst das Fenster.
Dann nimmt er den dünnen Faden
und wirft ihn
mit dem Biest hinaus.
Ganz vorsichtig.

„Danke schön und guten Morgen",
sagt Uta zufrieden.
Der Tag kann beginnen.

Nina traut sich

Endlich große Pause.
Nina spielt Fangen
mit den anderen aus der 1b.
Aber sie passt nicht auf.
Dauernd schaut sie zu Janek.

Er steht allein
in einer Ecke an der Wand.
Nina muss immer wieder
zu ihm hinsehen.
Es gefällt ihr nicht,
wenn einer so allein ist.

Gestern wollte Nina schon
zu Janek gehen.
Sie hat sich nur nicht getraut.
Heute will sie mutig sein.
Janek soll mitspielen!

„Ich muss mal eben weg",
ruft Nina den anderen zu.
„Ich komme gleich wieder!"

Und schon steuert sie
in Janeks Richtung.
Was sie sagen will,
weiß sie noch nicht.

Janek schaut ihr entgegen.
Er lächelt nicht.
Er sagt nichts.

Ein paar Schritte vor ihm
bleibt Nina stehen.
In ihrem Hals wird es eng.
Aber sie macht einfach
den Mund auf.

„Spielst du mit Fangen?",
fragt sie.

„Warum?",
fragt Janek
und verzieht keine Miene.

„Weils Spaß macht",
sagt Nina.
Mehr fällt ihr nicht ein.

Janek sagt auch nichts mehr.
Beide stehen stumm und steif
wie zwei Zaunlatten voreinander.

Nach einer Weile zwinkert Nina
heftig mit den Augen.
Die Sonne blendet sie.
Janek fängt an zu grinsen.

Jetzt macht Nina schnell
einen großen Schritt
und boxt ihn ganz leicht
in den Bauch.
„Du bist dran",
sagt sie und dreht sich um
und läuft los.

Einen Moment später hört sie
Janeks Schritte hinter sich.
Da läuft Nina so schnell
wie sie kann.

Teddy Bangenase

Ulrich liegt mit Teddy im Bett.
Mama und Papa sind
bei den Nachbarn.
Deshalb ist Teddy sehr unruhig.
Er drückt sich ängstlich
an Ulrich.

„Keine Sorge",
flüstert der.
„Ich bin doch bei dir."

Dann sagt Ulrich nichts mehr
und spitzt seine Ohren.
War da nicht gerade ein Geräusch?
Als ob jemand auf leisen Sohlen
durch die Wohnung schleicht ...

Ulrich lauscht und lauscht.
Wie still es ist!

Einschlafen kann Ulrich
jetzt natürlich nicht.
Teddy hat viel zu viel Angst.
Er steckt seinen Kopf
unter Ulrichs Schlafanzug.
Seine Nase ist eiskalt!

Ulrich steht auf.
Er muss etwas tun,
damit es Teddy
besser geht.

Zuerst macht Ulrich
alle Lichter in der Wohnung an.
Dann zeigt er Teddy
alle unheimlichen Ecken:

Hinter den Türen,
unter den Betten,
unter den Tischen und Stühlen,
unter dem Sofa und den Sesseln,
zwischen den Schränken
und in den Schränken.
Alles ist in bester Ordnung.

„Niemand hat sich versteckt",
sagt Ulrich laut.
„Kein Einbrecher,
kein Monster,
kein Vampir,
kein gar nichts ist hier.
Nur ich und du kleine Bangenase."
Er stupst Teddy zärtlich
an die Nase.

Die ist gar nicht mehr kalt.
Teddy hat sich beruhigt
und sieht nun sehr müde aus.

„Ab ins Körbchen",
sagt Ulrich.
„Jetzt wird geschlafen."

Bevor er mit Teddy ins Bett geht,
macht er alle Lichter wieder aus.
Nur die Flurlampe nicht.
Und seine Zimmertür lässt er
einen Spalt offen.

Pustekuchen!

Lene übt Weitwurf.
Mitten auf der Wiese
steht ein dicker Busch.
Bis zu diesem Busch
kann Lene werfen.
Weiter nicht.

Sie versucht es immer wieder.
Als Torsten
mit seinem Ball kommt,
hört sie sofort damit auf.
Bestimmt will er Lene ärgern.
Sie kennt ihn!

Lene hält ihren Ball fest
und wartet ab.

Torsten nimmt Anlauf
und schleudert seinen Ball
in die Luft.
Weit hinter dem Busch
fällt er auf den Boden.

„Das kann ich auch",
sagt Lene trotzig.
„Pustekuchen",
sagt Torsten.
„Das kannst du eben nicht!"

Lene nimmt Anlauf und wirft.
Mit aller Kraft!
Aber der Ball landet im Gras
neben dem Busch.

„Gib es auf",
sagt Torsten spöttisch.
„Mädchen können
nicht werfen!"
Er dreht Lene den Rücken zu
und schlendert los
um seinen Ball zu holen.

Lene schnappt ihren Ball
und pfeffert ihn
hinter Torsten her.

Sie trifft genau seinen Po.
„Mädchen können treffen",
sagt sie.
„Wusstest du das schon?"

KÄNGURU Lesestufen-Modell

So macht Lesenlernen richtig Spaß – mit Büchern, die auf die unterschiedlichen Lernphasen zugeschnitten sind:
4 Lernschritte, 4 Buch-Reihen.

»Kinder werden dann zu begeisterten Lesern, wenn Buch und Leseentwicklung zusammenpassen.«

Prof. Dr. Manfred Wespel, lesedidaktischer Berater des KÄNGURU-Programms

»Bildergeschichten zum Lesenlernen«

2. Lesestufe ab 6 Jahre
- eine abgeschlossene Geschichte in Bildern
- lustige und abenteuerliche Handlung
- großes Format
- gut lesbare Fibelschrift

»Mit Bildern lesen lernen«

1. Lesestufe ab 5 Jahre
- kurze lustige Geschichten mit einfachem Text
- Bilder ersetzen Hauptwörter
- sehr große Fibelschrift
- fünf doppelseitige Suchbilder

»Leseabenteuer in Farbe«

4. Lesestufe ab 8 Jahre
- jeweils eine längere spannende Geschichte
- viele farbige Illustrationen
- große, leicht lesbare Fibelschrift

»Erste Geschichten zum Selberlesen«

3. Lesestufe ab 7 Jahre
- mehrere kurze Geschichten zu einem Thema
- klare Textgliederung als Lesehilfe
- große Fibelschrift
- viele farbige Illustrationen

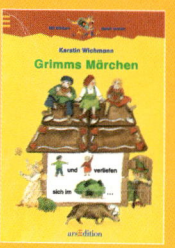